AF188610

gestrandet & gelöst

Das maritime Reiseberichtsbuch für Lieblingsmenschen!

Die Hafenprinzessin

Dieses Buch gehört:

_____

Unser Urlaubsziel:

_____

Unser Urlaubszeitraum:

_____

Miturlauber:

_____

_____

_____

Impressum

© 2018 youneo projects flick und weber GbR

Verantwortlich

Christian Flick / Mathias Weber
youneo projects flick und weber GbR, Poststraße 1, 49326 Melle
info@youneoprojects.de, www.youneoprojects.de

Herstellung und Verlag

BoD - Books on Demand, Norderstedt

Bildquellen

© David Schulz Photography/shutterstock (Cover), ddok/shutterstock

ISBN: 9783746076720

Unsere Packliste für den Urlaub:

Unsere Packliste für den Urlaub:

Urlaubstag Nr. _____   **Datum:** _____

○ vormittags   ○ nachmittags   ○ abends

Besonderheiten und Erlebnisse des Tages:

_____

_____

_____

_____

_____

_____

_____

_____

_____

_____

_____

_____

_____

Einklebefläche für Karten, Postkarten, Fotos, Eintrittskarten etc.:

Urlaubstag Nr. _____   **Datum:** _____

○   vormittags   ○   nachmittags   ○   abends

Besonderheiten und Erlebnisse des Tages:

Einklebefläche für Karten, Postkarten, Fotos, Eintrittskarten etc.:

Urlaubstag Nr. _____   **Datum:** _____

○   vormittags   ○   nachmittags   ○   abends

Besonderheiten und Erlebnisse des Tages:

_____

_____

_____

_____

_____

_____

_____

_____

_____

_____

_____

_____

_____

_____

Einklebefläche für Karten, Postkarten, Fotos, Eintrittskarten etc.:

Urlaubstag Nr. _____   **Datum:** _____

○   vormittags   ○   nachmittags   ○   abends

Besonderheiten und Erlebnisse des Tages:

Einklebefläche für Karten, Postkarten, Fotos, Eintrittskarten etc.:

Urlaubstag Nr. _____   **Datum:** _____

◯ vormittags   ◯ nachmittags   ◯ abends

Besonderheiten und Erlebnisse des Tages:

Einklebefläche für Karten, Postkarten, Fotos, Eintrittskarten etc.:

Urlaubstag Nr. _____   **Datum:** _____

○   vormittags   ○   nachmittags   ○   abends

Besonderheiten und Erlebnisse des Tages:

Einklebefläche für Karten, Postkarten, Fotos, Eintrittskarten etc.:

Urlaubstag Nr. _____   **Datum:** _____

○ vormittags   ○ nachmittags   ○ abends

Besonderheiten und Erlebnisse des Tages:

Einklebefläche für Karten, Postkarten, Fotos, Eintrittskarten etc.:

Urlaubstag Nr. _____   **Datum:** _____

○ vormittags   ○ nachmittags   ○ abends

Besonderheiten und Erlebnisse des Tages:

Einklebefläche für Karten, Postkarten, Fotos, Eintrittskarten etc.:

Urlaubstag Nr. _____   **Datum:** _____

○   vormittags   ○   nachmittags   ○   abends

Besonderheiten und Erlebnisse des Tages:

Einklebefläche für Karten, Postkarten, Fotos, Eintrittskarten etc.:

Urlaubstag Nr. _____ **Datum:** _____

○ vormittags ○ nachmittags ○ abends

Besonderheiten und Erlebnisse des Tages:

Einklebefläche für Karten, Postkarten, Fotos, Eintrittskarten etc.:

Urlaubstag Nr. _____   **Datum:** _____

○ vormittags   ○ nachmittags   ○ abends

Besonderheiten und Erlebnisse des Tages:

_____

_____

_____

_____

_____

_____

_____

_____

_____

_____

_____

_____

Einklebefläche für Karten, Postkarten, Fotos, Eintrittskarten etc.:

Urlaubstag Nr. _____ **Datum:** _____

○   vormittags   ○   nachmittags   ○   abends

Besonderheiten und Erlebnisse des Tages:

Einklebefläche für Karten, Postkarten, Fotos, Eintrittskarten etc.:

Urlaubstag Nr. _____ **Datum:** _____

○ vormittags   ○ nachmittags   ○ abends

Besonderheiten und Erlebnisse des Tages:

_____

_____

_____

_____

_____

_____

_____

_____

_____

_____

_____

_____

Einklebefläche für Karten, Postkarten, Fotos, Eintrittskarten etc.:

Urlaubstag Nr. _____ **Datum:** _____

○ vormittags ○ nachmittags ○ abends

Besonderheiten und Erlebnisse des Tages:

Einklebefläche für Karten, Postkarten, Fotos, Eintrittskarten etc.:

Urlaubstag Nr. ———————————————— **Datum:** ————————————

○ vormittags　　　　　○ nachmittags　　　　　○ abends

Besonderheiten und Erlebnisse des Tages:

Einklebefläche für Karten, Postkarten, Fotos, Eintrittskarten etc.:

Urlaubstag Nr. _____   **Datum:** _____

○ vormittags   ○ nachmittags   ○ abends

Besonderheiten und Erlebnisse des Tages:

_____

_____

_____

_____

_____

_____

_____

_____

_____

_____

_____

_____

_____

_____

_____

Einklebefläche für Karten, Postkarten, Fotos, Eintrittskarten etc.:

Urlaubstag Nr. _____   **Datum:** _____

○ vormittags   ○ nachmittags   ○ abends

Besonderheiten und Erlebnisse des Tages:

Einklebefläche für Karten, Postkarten, Fotos, Eintrittskarten etc.:

Urlaubstag Nr. _____   **Datum:** _____

○ vormittags   ○ nachmittags   ○ abends

Besonderheiten und Erlebnisse des Tages:

Einklebefläche für Karten, Postkarten, Fotos, Eintrittskarten etc.:

Urlaubstag Nr. _____   **Datum:** _____

○   vormittags   ○   nachmittags   ○   abends

Besonderheiten und Erlebnisse des Tages:

Einklebefläche für Karten, Postkarten, Fotos, Eintrittskarten etc.:

Urlaubstag Nr. _____   **Datum:** _____

○ vormittags   ○ nachmittags   ○ abends

Besonderheiten und Erlebnisse des Tages:

Einklebefläche für Karten, Postkarten, Fotos, Eintrittskarten etc.:

Urlaubstag Nr. _____   **Datum:** _____

○ vormittags   ○ nachmittags   ○ abends

Besonderheiten und Erlebnisse des Tages:

Einklebefläche für Karten, Postkarten, Fotos, Eintrittskarten etc.:

Urlaubstag Nr. _____   **Datum:** _____

○   vormittags   ○   nachmittags   ○   abends

Besonderheiten und Erlebnisse des Tages:

Einklebefläche für Karten, Postkarten, Fotos, Eintrittskarten etc.:

Urlaubstag Nr. _____   **Datum:** _____

○   vormittags   ○   nachmittags   ○   abends

Besonderheiten und Erlebnisse des Tages:

_____

_____

_____

_____

_____

_____

_____

_____

_____

_____

_____

_____

Einklebefläche für Karten, Postkarten, Fotos, Eintrittskarten etc.:

Urlaubstag Nr. _____   **Datum:** _____

○ vormittags   ○ nachmittags   ○ abends

Besonderheiten und Erlebnisse des Tages:

Einklebefläche für Karten, Postkarten, Fotos, Eintrittskarten etc.:

Urlaubstag Nr. ————————— **Datum:** —————————

◯　vormittags　　　　◯　nachmittags　　　　◯　abends

Besonderheiten und Erlebnisse des Tages:

—————————————————————————————————————

—————————————————————————————————————

—————————————————————————————————————

—————————————————————————————————————

—————————————————————————————————————

—————————————————————————————————————

—————————————————————————————————————

—————————————————————————————————————

—————————————————————————————————————

—————————————————————————————————————

—————————————————————————————————————

—————————————————————————————————————

—————————————————————————————————————

Einklebefläche für Karten, Postkarten, Fotos, Eintrittskarten etc.:

Urlaubstag Nr. _____   **Datum:** _____

○ vormittags   ○ nachmittags   ○ abends

Besonderheiten und Erlebnisse des Tages:

_____

_____

_____

_____

_____

_____

_____

_____

_____

_____

_____

_____

_____

Einklebefläche für Karten, Postkarten, Fotos, Eintrittskarten etc.:

Urlaubstag Nr. _____ **Datum:** _____

○ vormittags   ○ nachmittags   ○ abends

Besonderheiten und Erlebnisse des Tages:

_____

_____

_____

_____

_____

_____

_____

_____

_____

_____

_____

_____

Einklebefläche für Karten, Postkarten, Fotos, Eintrittskarten etc.:

Urlaubstag Nr. _____   **Datum:** _____

○ vormittags   ○ nachmittags   ○ abends

Besonderheiten und Erlebnisse des Tages:

_____

_____

_____

_____

_____

_____

_____

_____

_____

_____

_____

_____

_____

_____

Einklebefläche für Karten, Postkarten, Fotos, Eintrittskarten etc.:

Urlaubstag Nr. _____ **Datum:** _____

○ vormittags ○ nachmittags ○ abends

Besonderheiten und Erlebnisse des Tages:

_____

_____

_____

_____

_____

_____

_____

_____

_____

_____

_____

_____

_____

Einklebefläche für Karten, Postkarten, Fotos, Eintrittskarten etc.:

Urlaubstag Nr. _____ **Datum:** _____

◯ vormittags◯ nachmittags◯ abends

Besonderheiten und Erlebnisse des Tages:

Einklebefläche für Karten, Postkarten, Fotos, Eintrittskarten etc.:

Urlaubstag Nr. _____   **Datum:** _____

○ vormittags   ○ nachmittags   ○ abends

Besonderheiten und Erlebnisse des Tages:

Einklebefläche für Karten, Postkarten, Fotos, Eintrittskarten etc.:

Urlaubstag Nr. _____   **Datum:** _____

○ vormittags   ○ nachmittags   ○ abends

Besonderheiten und Erlebnisse des Tages:

Einklebefläche für Karten, Postkarten, Fotos, Eintrittskarten etc.:

Urlaubstag Nr. _____   **Datum:** _____

○ vormittags   ○ nachmittags   ○ abends

Besonderheiten und Erlebnisse des Tages:

Einklebefläche für Karten, Postkarten, Fotos, Eintrittskarten etc.:

Urlaubstag Nr. _____   **Datum:** _____

○   vormittags   ○   nachmittags   ○   abends

Besonderheiten und Erlebnisse des Tages:

Einklebefläche für Karten, Postkarten, Fotos, Eintrittskarten etc.:

Urlaubstag Nr. _____   **Datum:** _____

○   vormittags   ○   nachmittags   ○   abends

Besonderheiten und Erlebnisse des Tages:

_____

_____

_____

_____

_____

_____

_____

_____

_____

_____

_____

_____

_____

_____

Einklebefläche für Karten, Postkarten, Fotos, Eintrittskarten etc.:

Urlaubstag Nr. _____   **Datum:** _____

◯   vormittags   ◯   nachmittags   ◯   abends

Besonderheiten und Erlebnisse des Tages:

Einklebefläche für Karten, Postkarten, Fotos, Eintrittskarten etc.:

Urlaubstag Nr. _____ **Datum:** _____

◯   vormittags   ◯   nachmittags   ◯   abends

Besonderheiten und Erlebnisse des Tages:

_____

_____

_____

_____

_____

_____

_____

_____

_____

_____

_____

_____

Einklebefläche für Karten, Postkarten, Fotos, Eintrittskarten etc.:

Urlaubstag Nr. _____   **Datum:** _____

○   vormittags   ○   nachmittags   ○   abends

Besonderheiten und Erlebnisse des Tages:

Einklebefläche für Karten, Postkarten, Fotos, Eirtrittskarten etc.:

Platz für freie Gedanken und Notizen

Platz für freie Gedanken und Notizen

Platz für freie Gedanken und Notizen

Platz für freie Gedanken und Notizen

Platz für freie Gedanken und Notizen

Platz für freie Gedanken und Notizen

Platz für freie Gedanken und Notizen

Platz für freie Gedanken und Notizen

Freifläche für Notizen und Zeichnungen

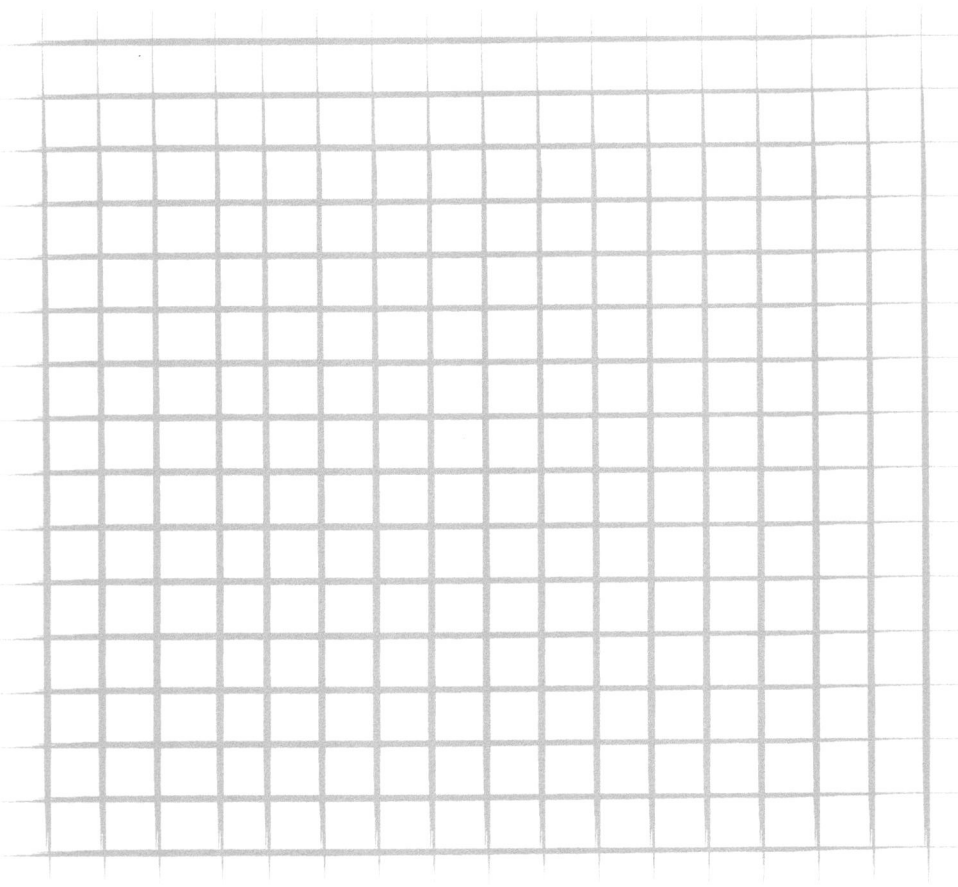

Freifläche für Notizen und Zeichnungen

Freifläche für Notizen und Zeichnungen

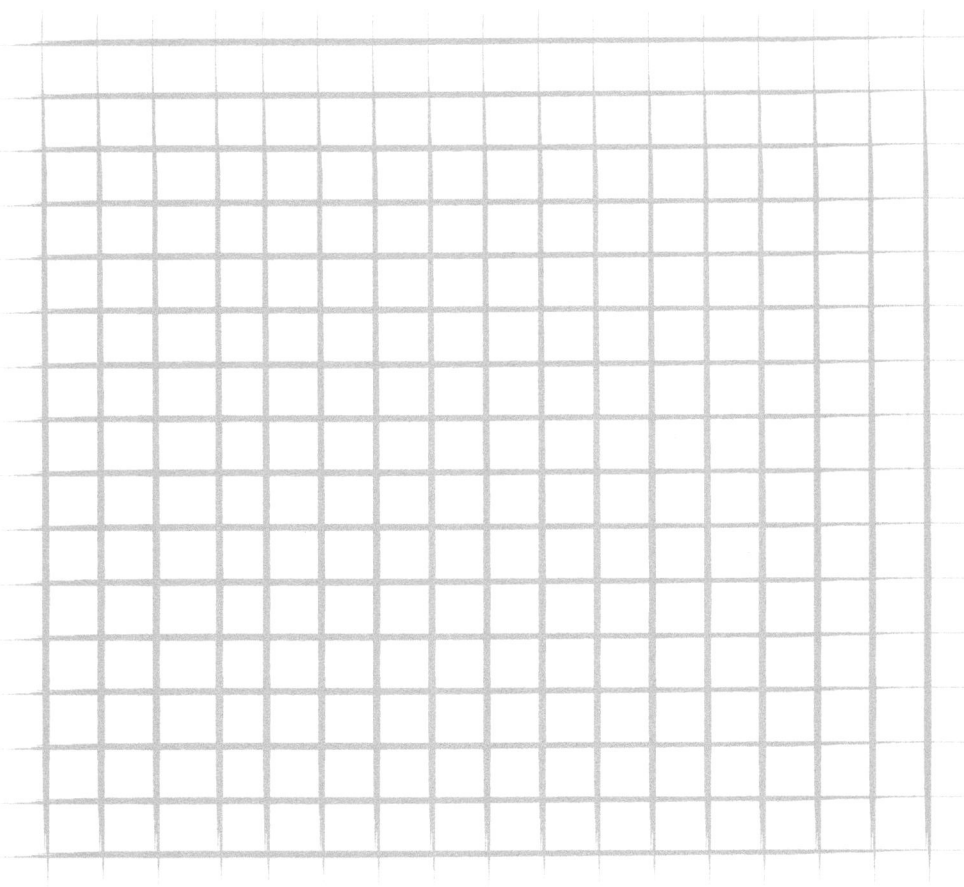

Freifläche für Notizen und Zeichnungen

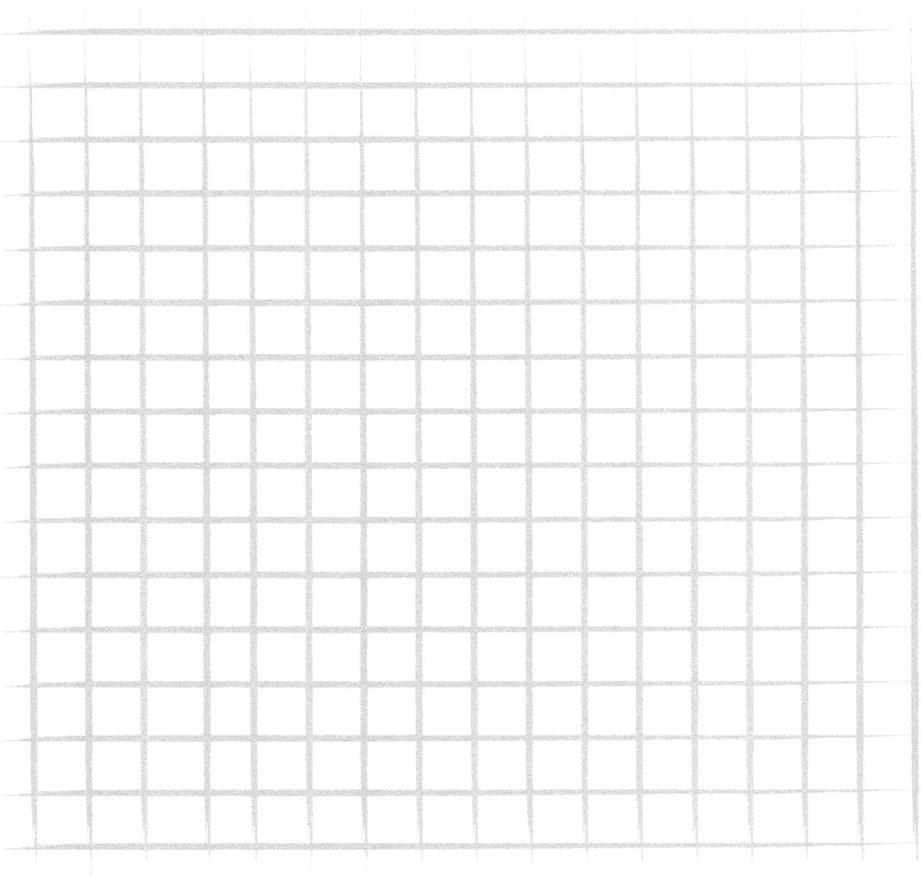

Freifläche für Notizen und Zeichnungen

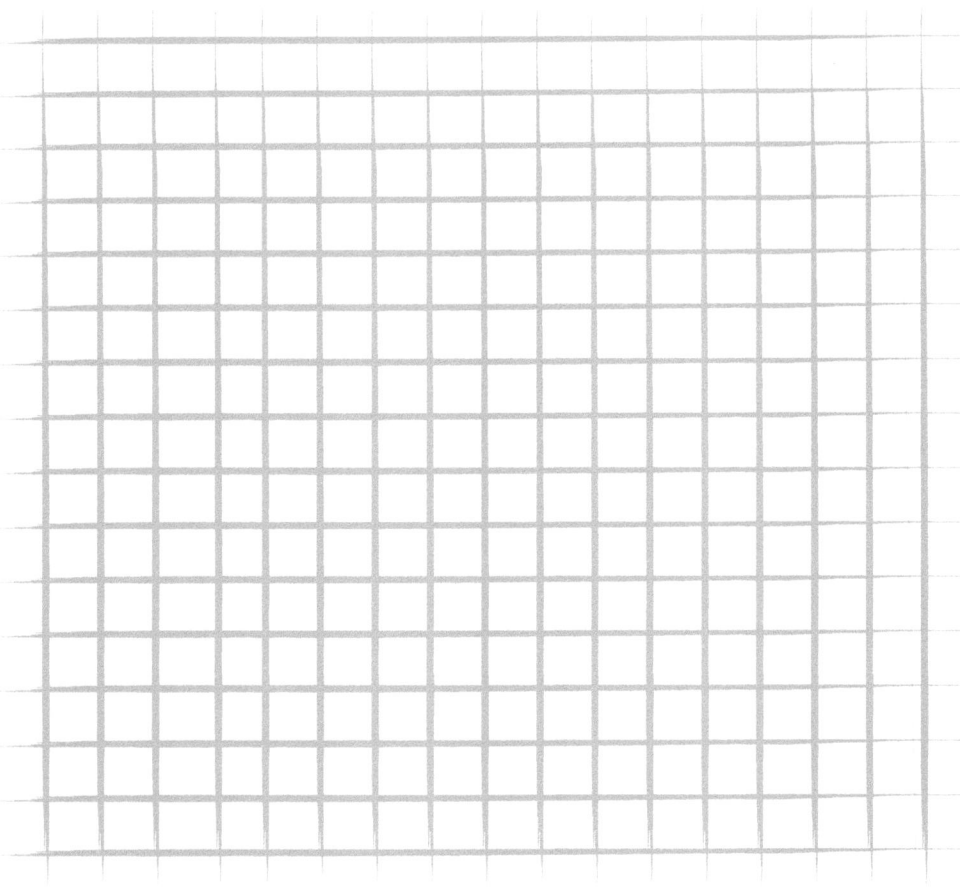

Freifläche für Notizen und Zeichnungen

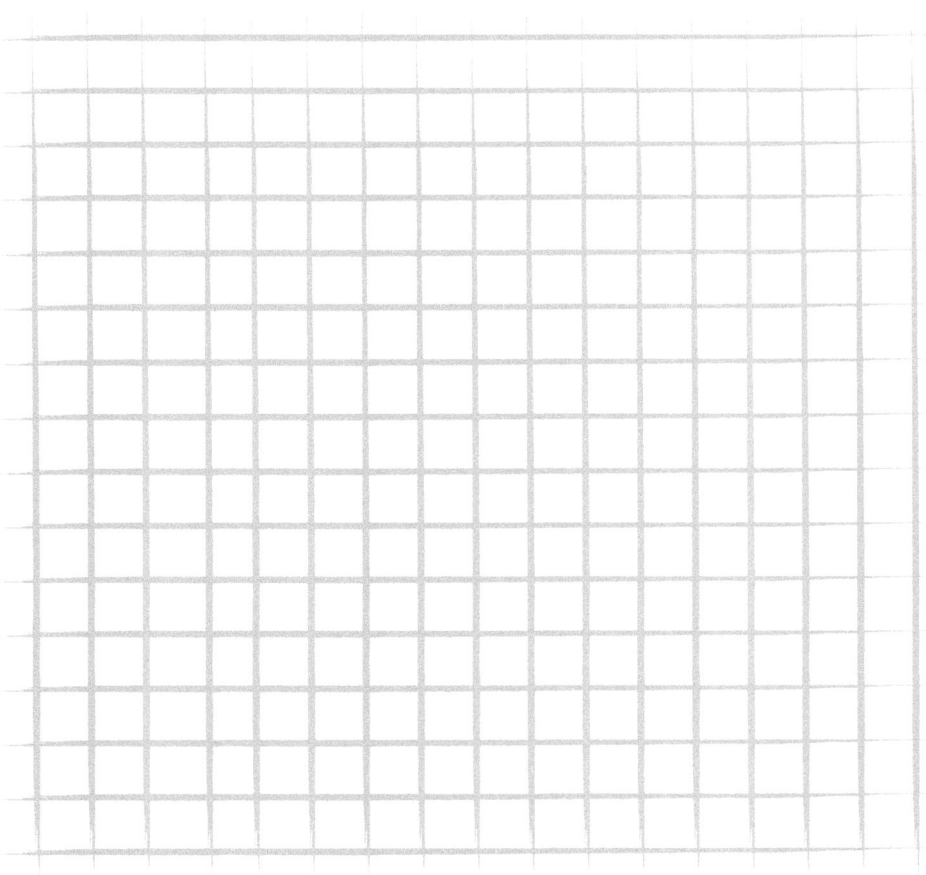

Freifläche für Notizen und Zeichnungen

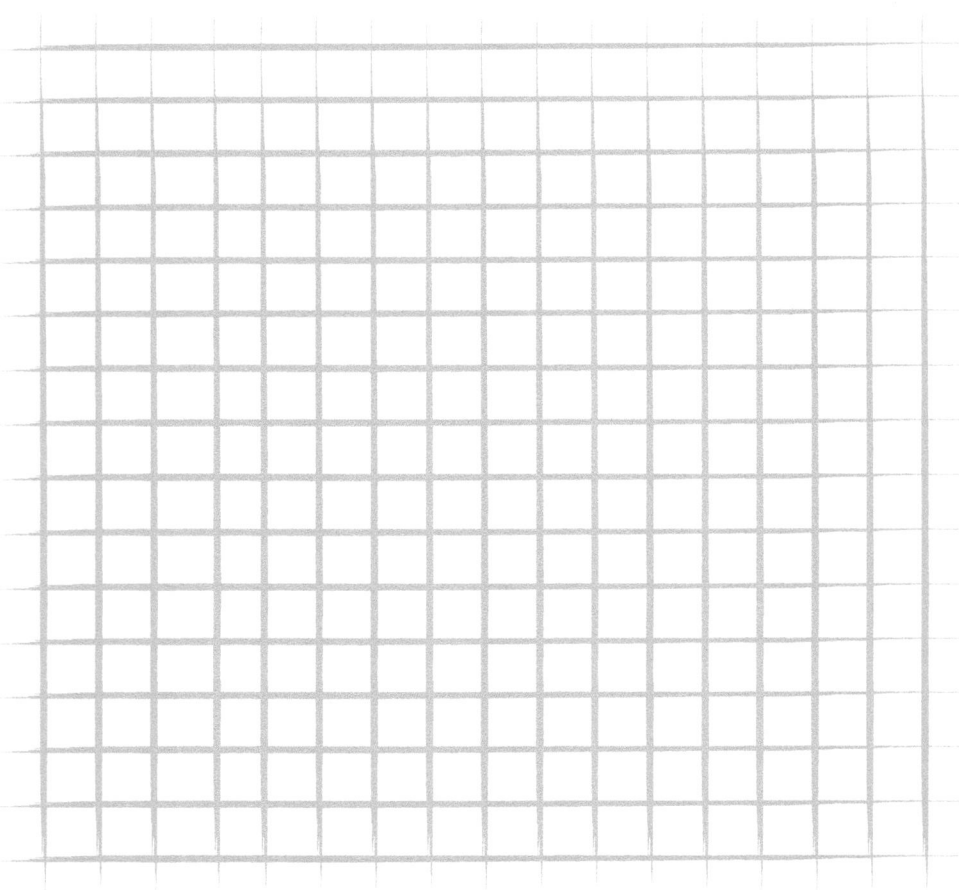

Freifläche für Notizen und Zeichnungen

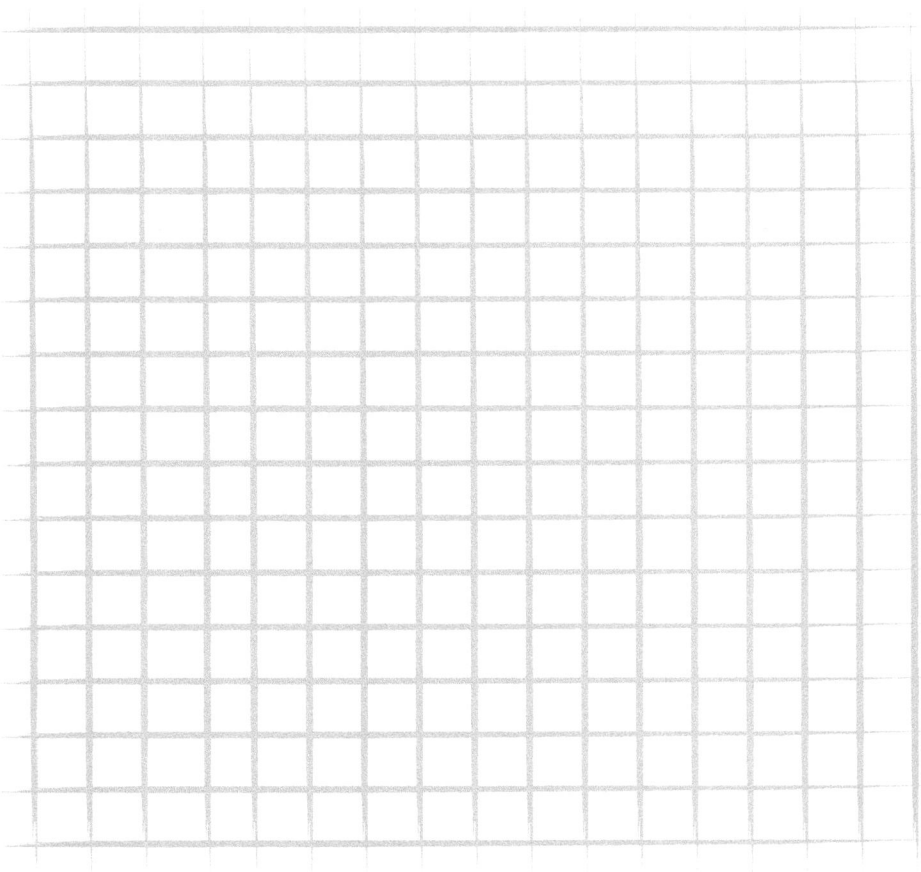

Freifläche für weitere Tickets, Fotos oder amüsante
Urlaubszitate etc.

Freifläche für weitere Tickets, Fotos oder amüsante
Urlaubszitate etc.

Freifläche für weitere Tickets, Fotos oder amüsante
Urlaubszitate etc.

Freifläche für weitere Tickets, Fotos oder amüsante
Urlaubszitate etc.

Freifläche für weitere Tickets, Fotos oder amüsante
Urlaubszitate etc.

Freifläche für weitere Tickets, Fotos oder amüsante
Urlaubszitate etc.

Freifläche für weitere Tickets, Fotos oder amüsante
Urlaubszitate etc.

Freifläche für weitere Tickets, Fotos oder amüsante Urlaubszitate etc.